T0207815

essentials

Essentials liefern aktuelles Wissen in konzentrierter Form. Die Essenz dessen, worauf es als „State-of-the-Art" in der gegenwärtigen Fachdiskussion oder in der Praxis ankommt. Essentials informieren schnell, unkompliziert und verständlich

- als Einführung in ein aktuelles Thema aus Ihrem Fachgebiet
- als Einstieg in ein für Sie noch unbekanntes Themenfeld
- als Einblick, um zum Thema mitreden zu können

Die Bücher in elektronischer und gedruckter Form bringen das Expertenwissen von Springer-Fachautoren kompakt zur Darstellung. Sie sind besonders für die Nutzung als eBook auf Tablet-PCs, eBook-Readern und Smartphones geeignet.

Essentials: Wissensbausteine aus den Wirtschafts, Sozial- und Geisteswissenschaften, aus Technik und Naturwissenschaften sowie aus Medizin, Psychologie und Gesundheitsberufen. Von renommierten Autoren aller Springer-Verlagsmarken.

Ralf Bruns • Jürgen Dunkel

Complex Event Processing

Komplexe Analyse von massiven
Datenströmen mit CEP

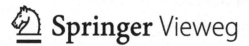

Prof. Dr. Ralf Bruns
Hannover
Deutschland

Prof. Dr. Jürgen Dunkel
Hannover
Deutschland

ISSN 2197-6708   ISSN 2197-6716 (electronic)
essentials
ISBN 978-3-658-09898-8   ISBN 978-3-658-09899-5 (eBook)
DOI 10.1007/978-3-658-09899-5

Die Deutsche Nationalbibliothek verzeichnet diese Publikation in der Deutschen Nationalbiblio-
grafie; detaillierte bibliografische Daten sind im Internet über http://dnb.d-nb.de abrufbar.

Springer Vieweg
© Springer Fachmedien Wiesbaden 2015

Gedruckt auf säurefreiem und chlorfrei gebleichtem Papier

Springer Fachmedien Wiesbaden ist Teil der Fachverlagsgruppe Springer Science+Business Media
(www.springer.com)

Was Sie in diesem Essential finden können

- Idee und Bedeutung der Ereignisverarbeitung für die Analyse von massiven Datenströmen.
- Eine kompakte Einführung in die Grundkonzepte des Complex Event Processing.
- Vorstellung der wichtigsten Sprachelemente zur Ereignisverarbeitung.
- Eine Fallstudie aus dem Bereich der Machine-to-Machine-Kommunikation.

Vorwort

Moderne Unternehmen wie auch öffentliche und private Organisationen stehen heutzutage vor der Herausforderung mit riesigen Datenmengen umgehen zu müssen, deren Volumen in der letzten Dekade enorm angewachsen ist und auch in Zukunft weiter rasant ansteigen wird. Der Erfolg einer Institution hängt im wesentlichen Maße von ihrer Fähigkeit ab, die für ihre Kerngeschäftsprozesse signifikanten Informationen aus der Masse der Daten zu extrahieren und daraus qualifizierte Entscheidungen abzuleiten.

Während sich die etablierten Methoden für die Analyse großer Datenmengen im wesentlichen auf die Analyse statischer Datenbestände konzentrieren, rücken in jüngster Zeit kontinuierliche Datenströme mit aktuellen Daten, sogenannten *Live Daten*, immer stärker in den Fokus.

Complex Event Processing ist eine innovative Softwaretechnologie zur systematischen Analyse von massiven Datenströmen in Echtzeit. Dieses Buch bietet eine kompakte Einführung in die Grundkonzepte des Complex Event Processing, stellt die wichtigsten Sprachkonzepte zur Ereignisverarbeitung vor und zeigt deren Anwendung exemplarisch anhand einer Fallstudie aus dem Bereich Machine-to-Machine-Kommunikation.

Das vorliegende Buch ist eine komprimierte und aktualisierte Darstellung von ausgewählten Inhalten unseres Buches „Event-Driven Architecture: Softwarearchitektur für ereignisgesteuerte Geschäftsprozesse", 2010, ISBN 978-3-642-02438-2, das ebenfalls im Springer-Verlag erschienen ist.

Hannover   Ralf Bruns
Februar 2015   Jürgen Dunkel

Inhaltsverzeichnis

Motivation: Datenströme in vernetzten Systemen

1

Immer mehr Datenquellen produzieren eine ständig wachsende Menge von Daten: Smartphones, Sensornetze, vernetzte Produktionsmaschinen, RFID-Tags[1] im Internet der Dinge (*internet of things*), Finanzmärkte oder Informationen aus sozialen Netzwerken verursachen eine zunehmende Datenflut. Die Auswertung von *Big Data* ist eine der zentralen aktuellen Fragestellungen für Unternehmen und Organisationen [5]. Eine intelligente und effiziente Analyse dieser äußerst großen Datenmengen ist ein wesentlicher Erfolgsfaktor und kann zu entscheidenden Wettbewerbsvorteilen oder Produktivitätsgewinnen führen. Big-Data-Anwendungen nutzen Methoden und Verfahren der Datenanalyse, speziell zur automatischen Erkennung von Zusammenhängen und Abhängigkeiten in den vorhandenen Daten. Solche Zusammenhänge dienen beispielsweise der Vorhersage des Kundenverhaltens oder der Überwachung von Produktionsmaschinen oder von Finanzmärkten.

Datenströme

Als besondere Herausforderung müssen derzeit nicht nur *statische Datenbestände*, sondern verstärkt auch *Ströme* kontinuierlich eintreffender Daten ausgewertet werden. Datenströme weisen einige spezifische Eigenschaften auf, die bei ihrer Verarbeitung zu berücksichtigen sind:

- Die Ströme enthalten *aktuelle Live-Daten*, d. h. jeder Datensatz bezieht sich auf ein gerade stattgefundenes Vorkommnis. Dabei spielen insbesondere die Auftrittszeiten sowie die Reihenfolgen der Vorkommnisse eine entscheidende Rolle.

---

[1] Radio Frequency Identification.

© Springer Fachmedien Wiesbaden 2015
R. Bruns, J. Dunkel, *Complex Event Processing*, essentials,
DOI 10.1007/978-3-658-09899-5_1

- In der Regel sind die Daten *feingranular*, d. h. die entsprechenden Vorkommnisse sind von geringer Komplexität und lassen sich mit wenigen Daten beschreiben: z. B. ein Datensatz, der den Messwert eines Temperatursensors enthält.

- Ströme feingranularer Daten sind oft *hochfrequent* und/oder *massiv*, weil in der Realität extrem viele einfache Vorkommnisse in einer hohen Eingangsrate auftreten können.

- Datenströme sind *unbegrenzt*, weil fortlaufend neue Vorkommnisse geschehen.

- Datenströme sind *volatil*, weil nicht alle ihre Daten dauerhaft und permanent gespeichert werden können.

- Datensätze stehen zueinander in *impliziten Beziehungen*, die nicht offensichtlich sichtbar, sondern in den Datendetails versteckt sind, beispielsweise alle Datensätze eines bestimmten Kunden oder zweier benachbarter Sensoren.

Massive Datenströme müssen immer schneller, häufig in Echtzeit verarbeitet werden, um geschäftliche Entscheidungen situationsabhängig treffen und so Abläufe oder Geschäftsprozesse optimieren zu können. Dabei ist entscheidend, dass die Verarbeitungsgeschwindigkeit der Datenströme mit den eintreffenden Datenmengen Schritt halten kann. Beispiele für hochfrequente Datenströme finden sich in unterschiedlichen Bereichen:

- Finanzmärkte: Beim automatischen *Wertpapierhandel* (algorithmic trading) werden fortlaufend die aktuellen Börsenkurse verarbeitet, um im Bruchteil von Sekunden Entscheidungen über den Kauf oder Verkauf von Wertpapieren treffen zu können. Ein weiteres Beispiel ist die Analyse des Zahlungsverkehrs, um automatisch Betrugsversuche (fraud detection) zu entdecken.

- Sensornetze: Verstärkt werden Sensoren als technisches Bindeglied zwischen der physikalischen Welt und der Informationsverarbeitung eingesetzt. Beispielsweise helfen Sensordaten, um Produktionsmaschinen zu steuern oder mithilfe von Diagnosesystemen Krankenhauspatienten zu überwachen. Von besonderer Bedeutung ist hier die RFID-Technologie, die zur Steuerung von Materialflüssen oder zur Frachtüberwachung eingesetzt werden kann.

- Dienstleistungen und Handel: In vielen betriebswirtschaftlichen Anwendungen werden Geschäftsprozesse durch die unmittelbare Berücksichtigung geschäftsrelevanter Daten gesteuert. So werden in der Warenlogistik Warenlieferungen und -ausgänge ohne Unterbrechung überwacht, um den Lagerbestand zu optimieren. Darüber hinaus spielen Daten aus Kundenportalen, sozialen Netzwerken sowie ortsbezogene Smartphone-Daten eine zunehmend wichtige Rolle, um Kundenwünsche zu verstehen oder aufkommende Trends im Vorfeld zu erkennen.

Ereignisse

Betrachtet man die genannten Datenströme etwas genauer, so lässt sich jeder einzelne Datensatz auch als ein eigenständiges *Ereignis* auffassen, das mit dem Auftreten eines bestimmten Geschehnisses in der Anwendungsdomäne korrespondiert. Man spricht deswegen auch von *Ereignisströmen* (event streams). Jedes Ereignis enthält dabei relevante Daten zum betreffenden Vorkommnis oder Sachverhalt. Bei einem System zum Aktienhandel wäre zum Beispiel jede Kursänderung ein neues Ereignis, das als Daten u. a. die Wertpapierkennnummer (WKN) und den neuen Kurs enthalten würde.

Die isolierte Betrachtung eines einzelnen Ereignisses reicht in vielen Anwendungsbereichen nicht aus, um einen Sachverhalt beurteilen zu können. Vielmehr müssen die einzelnen Datensätze oder Ereignisse in Zusammenhang gestellt, also *korreliert* werden, um den in ihnen enthaltenen *Informationswert* ableiten zu können. Erst die Betrachtung vieler Ereignisse über einen längeren Zeitraum gewinnt Bedeutung und lässt entsprechende Schlussfolgerungen zu.

Anhand eines realen Beispiels möchten wir zeigen, wie schwierig es ist, aus Datenströmen den relevanten Informationsgehalt zu extrahieren. Abbildung 1.1 zeigt den Datenstrom, den eine Solarstromanlage bestehend aus verschiedenen Solarmodulen liefert. Jeder Datensatz enthält die Leistungsdaten eines einzelnen Solarmoduls zu einem bestimmten Zeitpunkt, u. a. die aktuell produzierte Strommenge.

Eine zentrale Leitstelle empfängt den kontinuierlichen Strom dieser Messdaten und versucht daraus den aktuellen Zustand des Systems abzuleiten, insbesondere zu erkennen, ob eine Störung vorliegt. Dazu reicht die Betrachtung eines einzelnen Datensatzes jedoch offensichtlich nicht aus. Denn falls ein bestimmtes Solarmodul zu einem Zeitpunkt keinen Strom erzeugt, muss dies nicht zwangsläufig auf einen Defekt hinweisen, sondern kann auch an fehlender Sonneneinstrahlung liegen. Erst wenn benachbarte Solarmodule zum gleichen Zeitpunkt doch Strom liefern, kann ein Defekt des entsprechenden Moduls geschlussfolgert werden.

Ereignismuster und Abstraktionsebenen

Wie das Beispiel zeigt, ergibt sich der Informationsgehalt eines Ereignisstroms erst durch das Erkennen von *Zusammenhängen*, *Abhängigkeiten* und *Korrelationen* zwischen mehreren Ereignissen. Die zwischen zusammenhängenden Ereignissen bestehenden Beziehungen bilden ein spezifisches *Muster* von Ereignissen (*event pattern*), das in der enormen Masse der Ereignisse erkannt werden muss. Das zentrale Ziel der Verarbeitung von Ereignisströmen ist die *Mustererkennung* (*pattern matching*).

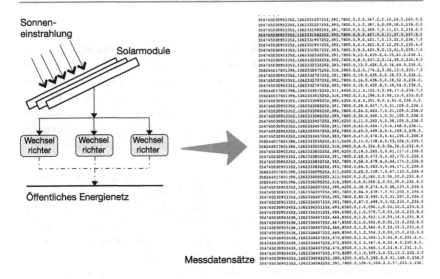

Abb. 1.1 Von Solaranlage produzierter Datenstrom mit gemessenen Betriebsdaten

Ein Beispiel für ein Muster in unserem Solarbeispiel ist, dass sich zum selben Zeitpunkt zwei benachbarte Solarmodule unterschiedlich verhalten: eines der Module produziert Strom, das andere nicht.

Typischerweise sind die unmittelbar aus den Datenquellen stammenden Ereignisse feingranular und äußerst *einfach*. Diese Ereignisse (*low level events*) repräsentieren ein konkretes Vorkommnis in der realen Welt und befinden sich auf einer niedrigen Abstraktionsebene, siehe Abb. 1.2.

Das Erkennen eines Musters entspricht genau einem gesuchten Zusammenhang mit einer direkten fachlichen Bedeutung in der Anwendungsdomäne. Ein erkanntes Muster wird durch ein neues, höherwertiges, *komplexes* Ereignis (high level event) mit unmittelbarer fachlicher Aussagekraft auf der Ebene der Anwendungsdomäne repräsentiert.

Wird beispielsweise unser Muster, das auf ein unterschiedliches Verhalten benachbarter Solarmodule hinweist, erkannt, so kann daraus ein komplexes *Fehlerereignis* abgeleitet werden. Dieses Ereignis befindet sich auf einem höheren Abstraktionsniveau, da es aus der Korrelation zweier einfacher Ereignisse entstand und eine unmittelbare fachliche Relevanz besitzt.

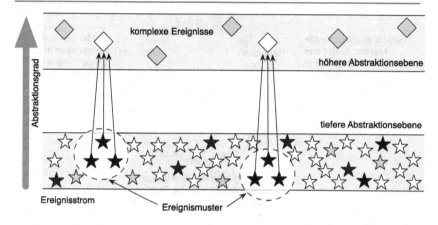

Abb. 1.2 Betrachtung von Ereignissen auf unterschiedlichen Abstraktionsebenen

Wenn aufgrund eines erkannten Ereignismusters ein neues komplexes Ereignis generiert wird, dann besteht zwischen den einfachen Ereignissen im Ereignismuster und dem komplexen Ereignis ein *ursächlicher* bzw. *kausaler* Zusammenhang. Komplexe Ereignisse befinden sich offensichtlich auf einer höheren Abstraktionsebene. Je nach fachlichem Anwendungskontext kann es auch mehrere Abstraktionsebenen geben, die eine *Hierarchie* bilden.

Grundzyklus ereignisgesteuerter Systeme

Alle Vorgänge und Abläufe in der realen Welt sind durch eine Fülle von unterschiedlichen Ereignissen beeinflusst, oder, wie es in einer Studie von Gartner heißt: *„The real world is mostly event driven"*.[2] Die Interpretation und Reaktion auf Ereignisse stellt demnach einen natürlichen Bestandteil der Arbeitsweise von Unternehmen und Organisationen dar. Mit der Berücksichtigung der Ereignissteuerung in IT-Systemen lassen sich Geschäftsprozesse *wirklichkeitsnah* und *problemadäquat* abbilden.

Ereignisgesteuerte Systeme sind speziell auf die Verarbeitung von Ereignissen ausgerichtet und führen einen aus drei Grundschritten bestehenden Zyklus durch:

---

[2] R. Schulte, Gartner Inc., Vortrag „Event Processing in Business Applications", 15. März 2006.

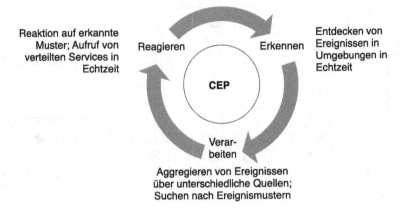

Abb. 1.3 Grundzyklus ereignisgesteuerter Systeme

1) *Erkennen*, 2) *Verarbeiten* und 3) *Reagieren* (sense & respond behaviour) [11], siehe Abb. 1.3.

1. *Erkennen (sense)*
   Ausgangspunkt ist das *Erkennen* von relevanten Informationen oder Sachverhalten, z. B. durch Sensoren oder aber auch durch ganz anders geartete Quellen. Diese Informationen werden als *Ereignisse* interpretiert und spiegeln einen relevanten Ausschnitt des Zustands der „Realität" wider. Entscheidend für ereignisgesteuerte Systeme ist, dass die Ereignisse *unmittelbar* zum Zeitpunkt ihres Auftretens und nicht zeitverzögert erkannt werden.
2. *Verarbeiten (process bzw. analyze)*
   Im Verarbeitungsschritt erfolgt die *Analyse* der erkannten Ereignisse, die aus unterschiedlichen Quellen stammen können. Bei der Analyse werden Ereignisse *aggregiert, korreliert, abstrahiert, klassifiziert* oder aber auch *verworfen*. Gesucht werden *Muster* in und zwischen den Ereignisströmen, die bestimmte Beziehungen und Abhängigkeiten zwischen den Ereignissen ausdrücken.
3. *Reagieren (respond)*
   Wird im Fluss der eingetretenen Ereignisse ein Muster erkannt, so können vielfältige Arten von *Reaktionen zeitnah* veranlasst werden. Typische Reaktionen sind beispielsweise das Schicken von Warnmeldungen, der Aufruf von fachlichen Services, das Auslösen eines Geschäftsprozesses oder die Initiierung von

Aktionen durch menschliche Benutzer. Aber auch die Generierung neuer Ereignisse ist eine mögliche Reaktion, zum Beispiel von komplexen Ereignissen auf einer höheren Abstraktionsebene.

Architektur ereignisgesteuerter Systeme

Eine Ausrichtung auf die Verarbeitung von Ereignis- oder Datenströmen führt auch zu Änderungen in der Architektur von IT-Systemen. Konventionelle IT-Anwendungen sind nicht ereignisorientiert, sondern ihnen liegt ein *ablauforientierter Architekturansatz* zugrunde: Anwendungen werden durch Geschäftsprozesse, die durch einzelne Arbeitsschritte, Abfragen, Schleifen usw. beschrieben sind, gesteuert. Klassische *Service-orientierte Architekturen* (SOA) verfolgen diesen Ansatz.

In ereignisorientierten Anwendungsfeldern stößt eine solche ablauforientierte Sicht aber an ihre Grenzen. Für Ereignisströme lassen sich keine vordefinierten Abläufe festlegen. Stattdessen ist eine Architektur notwendig, die speziell auf die Mustererkennung in Ereignisströmen ausgerichtet ist. *Event-Driven Architecture* (EDA) [8, 11, 23] bietet einen entsprechenden Architekturstil, der die Ereignisverarbeitung als zentrales Architekturkonzept in den Mittelpunkt stellt.

EDA-Anwendungen setzen dabei *Complex Event Processing* als stilprägende Softwaretechnologie ein.

Complex Event Processing im Überblick 2

Complex Event Processing ist eine von David Luckham entwickelte Softwaretechnologie, um kontinuierliche Ereignisströme zu verarbeiten [17]. Dieses Kapitel stellt die Grundkonzepte des Complex Event Processing schrittweise im Überblick vor.

2.1 Charakterisierung von Ereignissen

Complex Event Processing rückt *Ereignisse* in den Fokus der Softwarearchitektur. Genauso vielfältig wie die vielen verschiedenen Anwendungsdomänen sind auch die unterschiedlichen *Typen* von möglichen Ereignissen.

> **Ereignis (event):** Ein *Ereignis* kann alles sein, was passiert oder von dem erwartet wird, dass es passiert [18]: eine Aktivität, ein Vorgang, eine Entscheidung etc. Im Allgemeinen bezieht sich ein Ereignis auf die Veränderung eines *Zustands*, also typischerweise auf die Änderung des Wertes einer Eigenschaft eines realen oder virtuellen Objekts.

Beispiele für Ereignisse sind *technische Ereignisse*, wie z. B. die Veränderung der gemessenen Temperatur an dem Sensor einer Fertigungsmaschine oder die Geschwindigkeit eines vorbeifahrenden Fahrzeugs an einem Messpunkt, oder auch *Geschäftsereignisse*, wie z. B. die Kündigung eines Liefervertrags oder die Unterschreitung des erforderlichen Lagerbestandes einer Ware.

Um ein Ereignis verstehen, einordnen und weiterverarbeiten zu können, muss es *sämtliche Informationen*, die für die weiteren Verarbeitungsvorgänge erforderlich

© Springer Fachmedien Wiesbaden 2015
R. Bruns, J. Dunkel, *Complex Event Processing*, essentials,
DOI 10.1007/978-3-658-09899-5_2

sind, als Ereignisdaten mit sich führen. Die *Ereignisdaten* beschreiben den *Kontext*, in dem das Ereignis aufgetreten ist, und bestehen aus *allgemeinen Metadaten* und *spezifischen Kontextdaten*.

- *Metadaten*: Jedes Ereignis muss allgemeine, *domänenunabhängige Metadaten* beinhalten. Ein Ereignis benötigt eine eindeutige *Ereignis-ID*, um es von anderen Ereignissen zweifelsfrei unterscheiden zu können, und einen *Zeitstempel* (timestamp), der den Zeitpunkt des Auftretens des Ereignisses repräsentiert. Weiterhin ist es in vielen Fällen wichtig, dass ein Ereignis auch Informationen über die Ereignis*quelle* und den Ereignis*typ* enthält.

- *Ereigniskontext*: Darüber hinaus muss ein Ereignis natürlich auch noch den eingetretenen Sachverhalt beschreiben, also die eigentlichen *Nutzdaten* (payload) mit sich führen. Beispielsweise enthält ein Ereignis, das durch einen Feuchtigkeitssensor ausgelöst wurde, den Wert der gemessenen Luftfeuchtigkeit.

Ein *Ereignisstrom* (event stream) ist eine linear *geordnete* Sequenz von *kontinuierlich* eintreffenden Ereignissen [18].

2.2 Grundbegriffe des Complex Event Processing

Complex Event Processing ermöglicht es, sehr große Mengen von Ereignissen dynamisch zu verarbeiten, den fachlichen Informationswert aus diesen Ereignissen zu extrahieren und für die Steuerung des Kontrollflusses von Anwendungen zu nutzen.

Complex Event Processing (CEP): *Complex Event Processing* ist eine Softwaretechnologie für die *dynamische* Analyse von *massiven Daten- bzw. Ereignisströmen* in *Echtzeit*. Mit CEP ist es möglich, *kausale, temporale, räumliche* und andere Beziehungen zwischen Ereignissen auszudrücken. Diese Beziehungen spezifizieren *Muster*, nach denen die Ereignismenge durchsucht wird (*event pattern matching*) [17].

Ereignismuster

Um Zusammenhänge zwischen Ereignissen in einem massiven Ereignisstrom zu erkennen, muss der Ereignisstrom auf das Auftreten von spezifischen *Ereignismustern* hin untersucht werden. Die Suche nach Mustern betrachtet einen Ereignisstrom über einen längeren Zeitraum. Je nach Mächtigkeit der Operatoren lassen sich unterschiedliche Arten der Mustererkennung differenzieren.

- *Erkennen einfacher Ereignismuster*
  Die einfache Mustererkennung identifiziert *Einzelereignisse* oder *boolesche Kombinationen* von Ereignissen in einer Ereignismenge, beispielsweise Ereignisse bzw. Ereigniskombinationen, die auf eine problematische Situation hindeuten. Zum Beispiel beschreibt das einfache Muster (A *and* B *and* $not(C)$) das Auftreten von zwei Ereignissen A und B, jedoch bei Abwesenheit von Ereignis C.
- *Erkennen komplexer Ereignismuster*
  Oft reichen jedoch einfache Muster nicht aus. In solchen Fällen sind weitere Operatoren für die Spezifikation von komplexeren Mustern erforderlich. Von besonderer Bedeutung sind dabei Operatoren, um die *Reihenfolge* von Ereignissen zu spezifizieren oder um *Zeitfenster* für das Auftreten für Ereignisse festzulegen.
- *Abstraktion von Ereignismustern*
  Wird in einer Folge *einfacher* Ereignisse ein Muster erkannt, so kann ein *komplexes* Ereignis auf einer *höheren Abstraktionsebene* erzeugt werden, das somit das erkannte Muster repräsentiert. Diese Abstraktion von Ereignismustern liefert verständliche Sichten auf komplexe Situationen und reduziert die Anzahl der relevanten Ereignisse.
  Typische Operationen zur Abstraktion von Ereignismustern sind das Bilden von Summen oder Durchschnittswerten. Zum Beispiel kann in einem System zum Wertpapierhandel für eine Aktie der durchschnittliche Kurswert über die vergangenen 200 Tage berechnet werden. Dieser ‚200-Tage'-Wert kann in der Chartanalyse von Aktien weiterverwendet werden.

Ereignisverarbeitung mit Regeln

In CEP ist das Wissen über die Ereignisverarbeitung *explizit* und *deklarativ* in Form von *Regeln* repräsentiert.

Ereignisregel: Eine *Ereignisregel* (event processing rule) beschreibt eine spezifische Reaktion, die bei Erkennen eines Musters erfolgen soll. Jede Regel setzt sich aus einem Bedingungs- und einem Aktionsteil zusammen:

- Der *Bedingungsteil* besteht aus einem oder mehreren miteinander verknüpften Mustern, mit denen der Ereignisstrom abgeglichen wird. Wenn im Ereignisstrom das Muster vorkommt, dann ist der Bedingungsteil erfüllt, d. h. die Regel *matched*, und der *Aktionsteil* der Regel wird ausgeführt, d. h. die Regel *feuert*.

- Der *Aktionsteil* legt eine *Reaktion* oder *Aktion* (action) fest, die ausgeführt wird, sobald das Muster im Ereignisstrom vorkommt. Mögliche Aktionen sind das Erzeugen eines neuen Ereignisses oder das Anstoßen eines Dienstes in einem Anwendungssystem.

Da menschliche Fachexperten ihr Wissen oft in Form von Regeln formulieren, bilden Regeln eine adäquate Form der Repräsentation von Fachwissen. Die Regeln können beispielsweise ein Ereignisformat in ein anderes Format *transformieren*, Ereignisse *ausfiltern*, die bei der weiteren Verarbeitung nicht mehr benötigt werden, mehrere einfache Ereignisse zu einem komplexeren Ereignis *aggregieren* und ein neues abgeleitetes Ereignisobjekt *generieren*. Die Verarbeitung der Regeln erfolgt *zentral* in der CEP-Komponente.

Die Formulierung von Regeln erfolgt mit speziellen Regelsprachen, den sogenannten *Event Processing Languages* (EPLs) [18]. Mithilfe von EPLs lassen sich Ereignismuster und -reaktionen *deklarativ*, also auf einer hohen Abstraktionsebene beschreiben. Statt selber die einzelnen Schritte eines Algorithmus zur Mustererkennung zu implementieren, müssen lediglich die gesuchten Muster in einer dafür speziell vorgesehenen Deklarationssprache definiert bzw. modelliert werden.

Ein Beispiel für eine EPL ist die Sprache RAPIDE-EPL von Luckham [17]. In RAPIDE-EPL können Ereignismuster unter anderem durch die Operatoren *and*, *or* und $\rightarrow$ wie folgt definiert werden:

- *when* (A *and* B *and* C) *then* action_X
  Die Regel feuert, wenn die Ereignisse *A*, *B* und *C* im Ereignisstrom aufgetreten sind.

- *when* (A $\rightarrow$ (B *or* C)) *then* action_Y
  Die Regel feuert, wenn zuerst das Ereignis *A* und danach das Ereignis *B* oder das Ereignis *C* aufgetreten sind.

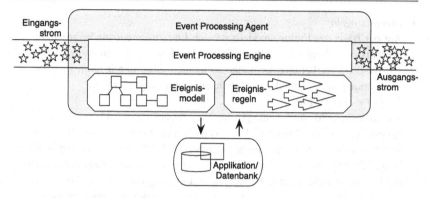

Abb. 2.1 Elemente eines Event Processing Agent

Derzeit existiert kein etablierter Standard für EPLs. Einen kurzen Überblick über in der Praxis eingesetzte CEP-Produkte gibt das Kap. 5. In Abschn. 3.3 wird exemplarisch die EPL des Open-Source-Systems *Esper* vorgestellt.

2.3 Event Processing Agents

Die Kernkomponente für die Ereignisverarbeitung in einem ereignisgesteuerten System ist ein *Event Processing Agent* [17].

> **Event Processing Agent (EPA)**: Ein *Event Processing Agent* ist ein Softwaremodul, das *komplexe* Ereignisse verarbeiten und Ereignis*muster* in einem Strom von Ereignissen erkennen kann [18].

Die Abb. 2.1 visualisiert einen Event Processing Agent mit seinen grundlegenden Elementen:

- *Ereignismodell*
  Nur mit einem exakt festgelegten *Ereignismodell* (event model) ist die Verarbeitung von Ereignisströmen möglich. Das Ereignismodel spezifiziert die erlaubten *Typen* von Ereignissen, die zu jedem Ereignistyp gehörenden Datenattribute sowie die Beziehungen und Abhängigkeiten zwischen den Typen.

- *Ereignisregeln*
  Auf der Basis des Ereignismodells werden *Ereignisregeln* zur Verarbeitung der
  Ereignisse mithilfe einer EPL definiert. Reichen die Daten in den Ereignis-
  sen für die Verarbeitung nicht aus, so müssen diese durch *Kontextwissen* aus
  Anwendungssystemen oder Datenbanken angereichert werden.

- *Event Processing Engine*
  Die eigentliche Musterkennung in den Ereignisströmen wird von der *Event Processing Engine* durchgeführt. Die Event Processing Engine ist ein spezieller
  Regelinterpreter, der kontinuierlich den Strom der Ereignisse mit den Mustern
  in den Bedingungsteilen der Regelmenge abgleicht und, sobald ein Muster in
  der Ereignismenge auftritt, die entsprechende Ereignisregel ausführt.

  Da für die *Mustererkennung* auch in der Vergangenheit aufgetretene Ereignisse
  relevant sein können, müssen die Ereignisdaten permanent im *Arbeitsspeicher*
  vorgehalten werden (*in-memory computing*). Typischerweise ist die Ereignismenge jedoch viel zu groß, um vollständig gespeichert zu werden. Betrachtet
  werden deshalb Ereignisse in einem gewissen Intervall (Zeit- oder Längenfenster). Neue Ereignisse kommen beim Eintreffen zu dem Intervall hinzu, alte
  Ereignisse fallen als Folge aus dem Intervall heraus.

Komplexe Verarbeitungsvorgänge lassen sich besser in kleinen Teilschritten mit
jeweils *einfachen* Ereignismustern und *wenigen* Regeln durchführen, als die kom-
plette Verarbeitung in einem einzigen, großen Schritt mit *komplexen* Ereignismustern und *vielen* Regeln abzuarbeiten. Um eine schrittweise Verarbeitung zu
realisieren, muss jeder Schritt durch einen eigenen EPA realisiert werden. Durch
die Verknüpfung mehrerer EPAs ergibt sich ein Netzwerk, in dem die Ausgabe
eines EPAs als Eingabe eines anderen dient.

> **Event Processing Network (EPN):** Ein *Event Processing Network* ist eine
> Menge von Event Processing Agents, die durch sogenannte *Ereigniskanä-
> le* miteinander verbunden sind [18], über die sie während der Verarbeitung
> Ereignisse austauschen.

Ein einzelner EPA übernimmt hierbei nur einen oder wenige abgegrenzte Schritte
im Prozess der Ereignisverarbeitung, zum Beispiel das Herausfiltern von doppelten
Ereignissen oder das Aggregieren von zusammenhängenden Ereignissen zu einem
komplexen Ereignis. Aufgrund der eingeschränkten Regelmenge kann ein solcher
EPA auch als *leichtgewichtig* bezeichnet werden.

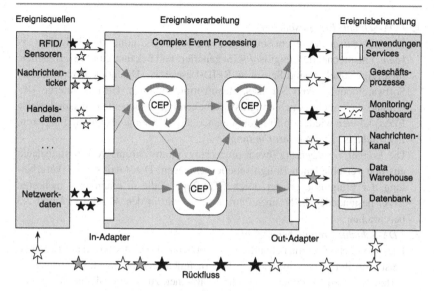

Abb. 2.2 Logische Schichten einer Event-Driven Architecture

2.4 Event-Driven Architecture

Die *Architektur* von Software ist die grundlegende Organisation eines Systems, bestehend aus ihren Komponenten sowie deren Beziehungen und Interaktionen [21]. *Event-Driven Architecture* repräsentiert einen Softwarearchitekturstil, der speziell auf die *Echtzeitverarbeitung* von massiven Ereignisströmen ausgerichtet ist. Dabei kommt Complex Event Processing als Kerntechnologie zum Einsatz.

> **Event-Driven Architecture (EDA)**: Event-Driven Architecture ist ein *Architekturstil*, in dem einige Komponenten *ereignisgesteuert* sind und die Interaktion durch den *Austausch von Ereignissen* erfolgt [18].

Abbildung 2.2 zeigt die grundlegenden *logischen Strukturierungsschichten* und Bestandteile einer Event-Driven Architecture [8, 11]:

1. *EDA-Schicht: Ereignisquellen*
   Eine *Ereignisquelle* (event source) ist eine beliebige Entität, die Ereignisse *erkennt*, entsprechende *Ereignisobjekte* generiert und bekannt gibt [18]. Beispiele für Ereignisquellen sind Sensoren, RFID-Lesegeräte, Datenticker bzw. -Feeds, Softwaremodule, Web Services, Benutzerinteraktionen, E-Mail, interne Uhren und viele mehr. Auch ereignisverarbeitende Komponenten (beispielsweise EPAs) können wiederum Ereignisse generieren und somit als Quelle fungieren.

2. *EDA-Schicht: Ereignisverarbeitung*
   Die *Ereignisverarbeitung* (event processing) nimmt Ströme von Ereignisdaten aus den verschiedenen Ereignisquellen entgegen. Die Analyse und Verarbeitung der Ereignisse erfolgt durch CEP-Regeln, die in einem aus mehreren EPAs bestehenden EPN ausgeführt werden, wie in den Abschn. 2.2 und 2.3 beschrieben.

3. *EDA-Schicht: Ereignisbehandlung*
   Die eigentliche Ereignisbehandlung (event handling) als Reaktion auf Ereignismuster erfolgt in den produktiven Unternehmensanwendungen, den nachgelagerten Backend-Systemen. Typische Reaktionen zur Ereignisbehandlung sind beispielsweise:

   - *Aufruf von Diensten*: Aufruf eines Dienstes, z. B. eines Web Service oder eines anderen API, um eine fachliche Anwendungsfunktion auszuführen oder einen Geschäftsprozess zu initiieren.

   - *Aktualisierung eines Dashboards*: Direkte Benachrichtigung von Benutzern durch Aktualisierung von Kennzahlen, Visualisierung in einer graphischen Benutzungsoberfläche oder in einem Dashboard.

   - *Publizieren einer (Ereignis-)Nachricht*: Einstellen eines Ereignisobjekts in Form einer Nachricht in eine Nachrichtenwarteschlange. Registrierte Ereignisinteressenten werden über die neue Nachricht informiert und können diese zur weiteren Verarbeitung abrufen.

   - *Auslösen einer menschlichen Prozessbehandlung*: In Notfallsituationen ist es wichtig, die beteiligten Personen entlang einer vordefinierten Eskalationshierarchie frühzeitig zu informieren.

Eine Softwarekomponente aus der Ereignisbehandlungsschicht kann natürlich selbst wiederum Ereignisse generieren und damit als Quelle fungieren. Diese Ereignisse fließen erneut in die Verarbeitungsschicht zur weitergehenden Analyse ein. Dieser Rückfluss von Ereignissen ist in Abb. 2.2 durch den untersten Pfeil dargestellt.

Tab. 2.1 CEP-Eigenschaften zur komplexen Analyse von Datenströmen

Eigenschaften von Datenströmen	CEP-Eigenschaften
Aktuelle Live-Daten	Verarbeitung der Daten zum Zeitpunkt des Auftretens
Feingranular	Mustererkennung zur *Korrelation* und *Abstraktion* von Ereignissen; Hierarchie von Abstraktionsstufen
Komplexe Abhängigkeiten zwischen Daten	Mächtige EPL-Sprachkonstrukte zur Spezifikation komplexer Analysemuster
Unbegrenzt	Spezielle EPL-Operatoren für Fragmentierung des Datenstroms
Kontinuierlich und *volatil*	*In-memory*-Verarbeitung der Datenströme
Massiv und *hochfrequent*	*Massendatenverarbeitung* und *Echtzeitfähigkeit* von hochspezialisierten CEP-Engines
Implizite Beziehungen	Wissen über Datenanalyse deklarativ in Regeln formuliert

Komplexe Analyse von Datenströmen mit CEP

Die Tab. 2.1 stellt noch einmal die wesentlichen Eigenschaften von Datenströmen und den dazu passenden Lösungskonzepten von CEP gegenüber.

Sprachkonzepte zur Ereignisverarbeitung 3

Die Verarbeitung von Ereignissen und das Erkennen von Ereignismustern bilden den Kern des Complex Event Processing. Dieses Kapitel führt die wesentlichen Sprachkonzepte der Ereignisverarbeitung anhand einer vereinfachten Beispielsprache zur Formulierung von Ereignisregeln ein – differenziert nach dem *Bedingungsteil* mit der Beschreibung von Ereignismustern (Abschn. 3.1) und dem *Aktionsteil* (Abschn. 3.2). Der anschließende Abschn. 3.3 stellt mit Esper eine konkrete EPL vor.

3.1 Konzepte zur Beschreibung von Ereignismustern

Genauso wie sich in der Objektorientierung die Konzepte *Klasse* und *Objekt* unterscheiden lassen, kann in der Ereignisverarbeitung zwischen Ereignis*typen* und Ereignis*instanzen* differenziert werden.[1]

> **Ereignistyp:** Ein *Ereignistyp* (event type, event class) spezifiziert die grundlegenden Eigenschaften einer ganzen *Klasse* von *gleichartigen* Ereignissen [18]. Ein Ereignistyp definiert insbesondere die *Attribute* (event properties) einer Klasse von Ereignissen, so dass alle Ereignisse eines bestimmten Typs dieselbe Struktur der in ihnen enthaltenen Daten besitzen.

---

[1] Häufig wird nicht präzise zwischen Ereignistypen und Ereignisinstanzen unterschieden, sondern einfach der Begriff *Ereignis* verwendet. Auch in diesem Buch wird der Einfachheit halber von Ereignissen gesprochen, wenn der Bezug klar ist.

© Springer Fachmedien Wiesbaden 2015
R. Bruns, J. Dunkel, *Complex Event Processing*, essentials,
DOI 10.1007/978-3-658-09899-5_3

Beispielsweise enthält ein Ereignis vom Typ ‚Kursänderung eines Wertpapiers'
eine eindeutige Identifikationsnummer (ID), einen Zeitstempel, das Wertpapier-
symbol sowie den Wert des aktuellen Kurses: Ereignistyp StockEvent mit den
Attributen ID, timestamp, symbol und price.

Ereignisinstanz bzw. Ereignisobjekt: Eine *Ereignisinstanz* (event instance)
bzw. ein *Ereignisobjekt* (event object) beschreibt ein *konkretes* Vorkommnis
mit seinen kennzeichnenden Daten, d. h. es repräsentiert eine Ausprägung
eines Ereignistyps.

Bezogen auf das obige Beispiel besitzt eine Ereignisinstanz die Daten für eine
konkrete Kursänderung eines Wertpapiers, beispielsweise für eine IBM-Aktie:

1   StockEvent(ID=4711, timestamp=1264123099, symbol=ibm, price=333)

Die bislang aufgetretenen Ereignisinstanzen bilden einen kontinuierlichen Ereignisstrom. Ein definierter Ausschnitt aus dem potenziell unendlichen Ereignisstrom
wird als Ereignis*folge* bezeichnet.

Ereignisfolge: Eine *Ereignisfolge* ist eine *Sequenz von Ereignisinstan-
zen* (event instance sequence) und kann folgendermaßen notiert werden:
$a_1b_1b_2c_1a_2b_3$. Dabei bezeichnet a_i eine Ereignisinstanz vom Typ A und der
Index i steht für das i-te Auftreten eines Ereignisses dieses Typs.

Die Ereignisinstanz a_2 ist also das zweite Ereignis vom Typ A in einer Ereignisfolge. Im Folgenden werden Ereignisinstanzen durch Kleinbuchstaben und
Ereignistypen durch Großbuchstaben bezeichnet.

Der *Bedingungsteil* einer Ereignisregel setzt sich aus einem oder mehreren
verknüpften *Ereignismustern* zusammen. Ein Ereignismuster beschreibt eine bestimmte Situation in einer Ereignisfolge, die von besonderem Interesse ist und die
dementsprechend erkannt werden soll.

> **Ereignismuster:** Ein *Ereignismuster* (event pattern) legt *Bedingungen* an eine Ereignisfolge fest. Die Spezifikation der Bedingungen erfolgt mithilfe der Operatoren einer *Ereignisalgebra*. Eine Folge von Ereignisinstanzen *erfüllt* ein Muster, wenn sie die im Muster festgelegten Bedingungen erfüllt [18].

Beispielsweise erfüllt die Ereignisfolge b_2c_1 das Muster „auf eine Ereignisinstanz vom Typ B folgt eine Instanz vom Typ C".

Spezifikation von Ereignismustern

Eine *Ereignisalgebra* definiert Bedingungen, d. h. Beziehungen und Einschränkungen, für eine Menge von Ereignissen. Dabei sollen fachliche, zeitliche und kausale Zusammenhänge zwischen Ereignissen spezifiziert werden können. Als Grundlage eines Ereignismusters gilt es zunächst, die Sequenz der erwarteten Ereignistypen festzulegen. Eine solche Sequenz lässt sich mithilfe spezieller Operatoren der Ereignisalgebra beschreiben.

> **Ereignisalgebra (I):** Ein **ereignistypbasiertes Muster** (event type pattern) definiert die am Muster beteiligten Ereignis*typen*. Folgende Operatoren definieren Abhängigkeiten zwischen Ereignistypen:
>
> - Der **Sequenzoperator** $A \rightarrow B$ legt die zeitliche Reihenfolge fest, in der Ereignisinstanzen der definierten Typen auftreten müssen. Im Beispiel muss eine Ereignisinstanz vom Typ B einer Instanz vom Typ A folgen. Dazwischen können durchaus Ereignisse anderer Typen auftreten. Zum Beispiel erfüllt die Ereignisfolge $a_1c_1d_1c_2b_1$ das Muster $A \rightarrow B$.
> - Die **booleschen Operatoren** $\wedge$ und $\vee$ definieren unabhängig von der Reihenfolge, welche Typen von zwei Ereignisinstanzen auftreten müssen. $A \wedge B$ bedeutet, dass ein Ereignis vom Typ A *und* eins vom Typ B vorliegen müssen. $A \vee B$ erfordert entweder ein Ereignis vom Typ A *oder* eins vom Typ B.
> - Der **Negationsoperator** $\neg A$ beschreibt, dass *keine* Instanz von einem bestimmten Ereignistyp (hier A) auftreten darf. Dieser Operator ist nur sinnvoll, wenn er sich auf ein bestimmtes Betrachtungsintervall bezieht (siehe nachfolgend den Abschnitt über *Sliding Windows*).

Die folgenden Beispiele verdeutlichen, wie die verschiedenen Operatoren kombiniert werden können, um komplexe Muster zwischen Ereignistypen auszudrücken. Das Muster

---

ı $A \rightarrow (B \lor C)$

---

sucht nach einer Ereignisfolge, in der nach einem Ereignis vom Typ A ein Ereignis vom Typ B oder vom Typ C auftritt. Beispielsweise erfüllen die Ereignisfolgen $a_1 d_1 e_1 b_1$ oder $a_1 d_1 c_1$ dieses Muster. Das Ereignismuster

---

ı $(A \rightarrow \neg B \rightarrow C)$

---

erfordert eine Ereignisfolge, in der ein Ereignis vom Typ C einem Ereignis vom Typ A folgt, ohne dass ein Ereignis vom Typ B dazwischen liegt. Somit erfüllt die Folge $a_1 d_1 c_2$ das Muster, aber $a_1 b_1 d_1 c_2$ hingegen nicht.

In vielen Fällen reicht es nicht aus, in einem Muster nur die Ereignistypen mit den entsprechenden Reihenfolgebedingungen festzulegen. Vielmehr ist es erforderlich, auch den *Kontext* der Ereignisse genauer zu beschreiben.

Ereignisalgebra (II): Kontextbedingungen (context conditions) definieren Anforderungen an die *Attributwerte* einer Ereignisinstanz. Um Ereignisinstanzen in Mustern verwenden zu können, müssen folgende Sprachkonstrukte eingeführt werden:

- **Aliasnamen** für Ereignisinstanzen ermöglichen es, in Bedingungen verschiedene *Instanzen* zu verwenden. Aliasnamen werden mit dem Schlüsselwort **AS** definiert.
- Der „.'-Operator beschreibt den Zugriff auf ein Ereignis*attribut.*
- Mithilfe von *Daten aus der Anwendungsdomäne* lassen sich weitere Kontextbedingungen formulieren. Der Zugriff auf Anwendungswissen ist z. B. durch Methodenaufrufe in Regeln möglich.

Für die Beschreibung von Bedingungen können die üblichen, für die jeweiligen Datentypen definierten Operationen und Vergleichsoperatoren verwendet werden. Für numerische Datentypen sind dies beispielsweise $+, -, /, *, <, >, \leq, \geq, =, \neq$ usw.

Die folgenden Beispiele zeigen, wie diese Sprachkonstrukte eingesetzt werden können. Beispielsweise sucht das Ereignismuster

```
1  ((A AS a) → (B AS b)) ∧ (a.attribute1 = b.attribute2)
```

eine Ereignisinstanz vom Typ *A*, gefolgt von einer Instanz vom Typ *B*, deren Attribute `attribute1` und `attribute2` mit identischen Werten belegt sind. Ein Muster, das Daten aus der Anwendungsdomäne verwendet, ist:

```
1  SensorEvent AS s
2          ∧ s.temp < (0.5 * Sensorprop.getMaxTemp(s.type))
```

Gesucht werden Ereignisse vom Typ `SensorEvent` mit einem Temperaturwert, der weniger als 50 % der maximalen Temperatur beträgt, die für diese Art von Sensor zugelassen ist. Im Beispiel stellt die Anwendungsklasse `Sensorprop` die Methode `getMaxTemp()` zur Abfrage der maximal erlaubten Temperatur bereit.

Sliding Windows

Theoretisch können Ereignismuster sämtliche zuvor aufgetretenen Ereignisse berücksichtigen. Da jedoch kontinuierlich neue Ereignisse entstehen, liegt eine ständig wachsende und damit quasi unbegrenzt große Menge von Ereignissen vor, zum Beispiel alle Aktienkurse der zurückliegenden Jahre.

Um den Abgleich der Ereignisse mit einem Muster effizient – und möglichst nahezu in Echtzeit – zu erreichen, wird deshalb die Anzahl der betrachteten Ereignisse auf Ausschnitte aus der Ereignismenge beschränkt. Diese Ausschnitte werden durch sogenannte *Sliding Windows* beschrieben.

Ereignisalgebra (III): Sliding Windows beschränken die Anzahl der betrachteten Ereignisse in einem Ereignisstrom. Dabei lassen sich Längen- und Zeitfenster unterscheiden.

1. Ein *Längenfenster* (length window) der Länge *n* berücksichtigt nur die letzten *n* Ereignisse des Ereignisstroms.
2. Ein *Zeitfenster* (time window) betrachtet nur diejenigen Ereignisse, die im definierten Zeitraum, z. B. in den letzten 5 Minuten, aufgetreten sind.

Sliding Windows werden durch entsprechende Schlüsselwörter **win:length:x** bzw. **win:time:y** in eckigen Klammern spezifiziert.

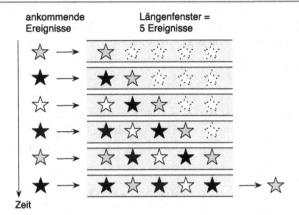

Abb. 3.1 Sliding Window – Längenfenster mit einem Puffer der Länge 5

Die Abb. 3.1 zeigt ein Längenfenster mit einem Ereignispuffer der Länge 5. Bei Ankunft eines neuen Ereignisses wird das älteste Ereignis gemäß der FIFO-Strategie (*First-In-First-Out*) aus dem Puffer geschoben.

Als Beispiel für ein Zeitfenster beschreibt das Muster $A[win\!:\!time\!:\!5min]$ die Menge der Ereignisinstanzen vom Typ A in einem Zeitintervall der letzten 5 Minuten. Im Beispielmuster

1    $(A \rightarrow B)[win:time:5min] \rightarrow C$

muss innerhalb eines Zeitintervalls von 5 Minuten ein Ereignis vom Typ B auf ein Ereignis vom Typ A folgen; anschließend wird zu einem beliebigen Zeitpunkt noch ein drittes Ereignis vom Typ C erwartet.

Die Abb. 3.2 stellt die Ereignisfolge bei einem Zeitfenster mit der Intervalllänge von 3 Zeiteinheiten dar. Jedes Ereignis besitzt eine bestimmte *Gültigkeitsdauer*, nach deren Ablauf es aus dem Fenster der betrachteten Ereignisse entfernt wird, im Beispiel der Abbildung geschieht dies nach 3 Zeiteinheiten. Die Abbildung zeigt, dass das Zeitfenster unterschiedlich viele Ereignisinstanzen enthalten kann.

Aggregationen

Das Konzept der Sliding Windows dient nicht nur dazu, die Menge der Ereignisse einzuschränken, sondern ermöglicht es auch, Ereignisse zeitlich zusammenzufassen. Dazu stehen entsprechende *Aggregationsfunktionen* zur Verfügung.

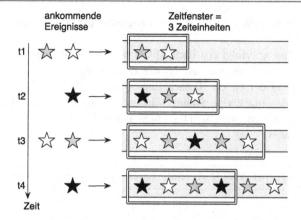

Abb. 3.2 Sliding Window – Zeitfenster mit einer Länge von 3 Zeiteinheiten

Ereignisalgebra (IV): **Aggregationsfunktionen** fassen die Attributwerte einer definierten Menge von Ereignissen zusammen. Typische Aggregationsfunktionen sind:

- **sum()**: bildet die Summe eines Attributwertes über alle Ereignisse
- **avg()**: berechnet den Durchschnittswert eines Attributwertes
- **min()** und **max()**: liefern das Minimum bzw. Maximum des Wertes

Durch die Verwendung von Aliasnamen lassen sich die Resultate von Aggregationsfunktionen innerhalb einer Regel verwenden. Das folgende Ereignismuster berechnet den Durchschnitt des Attributs `price` für alle `StockEvent`-Ereignisse der letzten 5 Minuten.

```
StockEvent.avg(price)[win:time:5min] AS averagePrice
```

Bei der bisherigen Betrachtung bleibt allerdings die Frage offen, *wie oft* die Durchschnittsberechnung im obigen Beispiel durchgeführt wird. Dabei gibt es zwei verschiedene Möglichkeiten:

1. Jedes Eintreffen eines StockEvent-Ereignisses löst eine erneute Berechnung aus.
2. Die Berechnung erfolgt erst nach Ablauf des Sliding Windows, d. h., für ein Zeitfenster von 5 Minuten erfolgt die Berechnung alle 5 Minuten, für ein Längenfenster der Größe 10 nach Eintreffen von 10 Ereignissen. In diesem Fall kann das zugehörige Sliding Window als *Batch-Window* (Schlüsselwort **batch**) spezifiziert werden. Das obige Beispielmuster lautet dann für ein Batch-Window:

```
1    StockEvent.avg( price )[win : time : batch :5min]  AS  averagePrice
```

3.2 Spezifikation von Aktionen in Ereignisregeln

Enthält der einfließende Ereignisstrom eine Ereigniskonstellation, die das im Bedingungsteil einer Ereignisregel definierte Muster erfüllt, so wird der *Aktionsteil* der erfüllten Regel angestoßen.

Ereignisregel: Eine *Ereignisregel* setzt ein *Muster P()* und eine *Aktion A()* zueinander in Beziehung und lässt sich in allgemeiner Form durch

CONDITION $P(e_1, e_2, ..., e_n)$ ACTION $A(e_1, e_2, ..., e_n)$

beschreiben. Dabei ist $e_1, e_2, ..., e_n$ eine zeitlich geordnete Ereignisfolge mit beliebigen Ereignistypen, die das Muster P erfüllt.

Die *Mustererkennung* löst eine *Aktion* $A(e_1, e_2, ..., e_n)$ mit dem Auftreten des letzten Ereignisses e_n aus, das für ein Muster benötigt wird.

Aktion: Eine *Aktion* $A(e_1, e_2, ..., e_n)$ realisiert die Ereignis*behandlung* und ist für eine angemessene Reaktion auf die eingetretene Ereignissituation verantwortlich. Dazu benötigt sie den *Aktionskontext*, weshalb ihr die auslösende Ereignisfolge $(e_1, e_2, ..., e_n)$ als Parameter übergeben wird.

Der Aktionskontext beschreibt zeitliche, örtliche und weitere semantische Eigenschaften der für das Auslösen der Aktion verantwortlichen Ereignisse. Im Wesentlichen lassen sich zwei *Arten von Aktionen* unterscheiden:

1. *Erzeugen neuer Ereignisse*
   Die Aktion erzeugt ein *neues Ereignis*, das entweder nur die Daten der auslösenden Ereignisse aufbereitet oder die durch das Eintreten des Musters gewonnenen Erkenntnisse beschreibt. Das neu erzeugte Ereignis fließt in Form einer Rückkopplung an die CEP-Komponente zurück und wird dort weiterverarbeitet.
2. *Anstoßen von Diensten*
   Die Aktion *stößt einen Dienst* in einem nachgelagerten Anwendungssystem an. Dort führen die operativen Systeme eine entsprechende Geschäftsaktion aus.

1. Erzeugen neuer Ereignisse

Das Erzeugen neuer Ereignisinstanzen innerhalb einer Regel kann als Ereignis*transformation* verstanden werden. Die Ereignisfolge $e_1, e_2, ..., e_n$, die das Muster erfüllt hat, wird in eine oder mehrere neue Ereignisinstanzen transformiert. Entsprechend muss es im Aktionsteil einer Ereignisregel ein Sprachkonstrukt `create` zum Erzeugen einer neuen Ereignisinstanz geben. So wird beispielsweise durch

---

1 create BuyEvent (share=ibm, limit=5000, currency=Euro)

---

eine neue Ereignisinstanz vom Typ `BuyEvent` erzeugt, die den möglichen Kauf einer IBM-Aktie für 5000 Euro anzeigt.

Verschiedene grundlegende Transformationsschritte lassen sich unterscheiden:

1. Transformationen, die die Ereignisfolge zwar umwandeln, aber keine neuen Informationen hinzufügen:
   (a) *Translation*, (b) *Filterung* und (c) *Aggregation*
2. Transformationen, bei denen die neu erzeugten Ereignisse mehr Informationen mit sich führen als die ursprüngliche Ereignisfolge:
   (d) *Anreicherung mit Kontextwissen* und (e) *Synthese komplexer Ereignisse*

(a) Translation: Ein *Übersetzungs*schritt überführt die Daten einer Ereignisinstanz in eine Instanz eines anderen Ereignistypen.

Ein Standardschritt in der Ereignisverarbeitung ist die Abbildung von Ereignisinstanzen eines Typs *A* auf einen anderen Typ *B*. Beispielsweise um Ereignisse aus
verschiedenen heterogenen Quellen, wie z. B. Sensoren oder Softwaresystemen, in
ein einheitliches Format zu überführen.

(b) Filterung (filtering): Um mit der riesigen Menge der erzeugten Ereignisse umgehen zu können, werden die für eine fachliche Fragestellung
relevanten Ereignisse aus einer Ereignisfolge *herausgefiltert.*

Das Filtern reduziert die Anzahl der betrachteten Ereignisse und ist ein wesentli-
ches Konzept für die Effizienzsteigerung der Ereignisverarbeitung.

Beispielsweise sollen in einem Wertpapierhandelssystem nur die Ereignisse, die
Kurswerte mit einem Wert größer als 500 Euro repräsentieren, betrachtet werden.
Entsprechend filtert die folgende Ereignisregel alle Ereignisse mit einem größeren
Kurswert aus dem Ereignisstrom heraus:

```
1  CONDITION ( StockEvent AS s )
2           ∧ s.price > 500
3  ACTION  create  RelevantStockEvent(symbol=s.symbol, price=s.price)
```

Den *CONDITION*-Teil der Regel erfüllen nur StockEvent-Ereignisse mit
einem Betrag größer als 500 – dieses Ereignismuster implementiert das Filtern der
Ereignisse. Der *ACTION*-Teil erzeugt dann eine neue Instanz des Ereignistyps
RelevantStockEvent und initialisiert diese Instanz mit den Attributwerten
des StockEvent-Ereignisses.[2]

Eine weitere Möglichkeit zur Reduktion der Ereignismenge bietet die Aggregation von Ereignissen.

---

[2] Genau genommen filtert die obige Regel keine Ereignisse aus dem Ereignisstrom heraus,
sondern selektiert die sinnvollen Ereignisse und kopiert sie in einen neuen Ereignistyp. Einige EPLs bieten überhaupt keinen Befehl zum *Löschen* von Ereignisinstanzen. Das entspricht
der Sichtweise, dass Ereignisse nicht ungeschehen gemacht werden können. In diesem Fall
kann, wie im obigen Beispiel gezeigt, ein eigener Ereignistyp für die gefilterten Ereignisse
eingeführt werden.

(c) Aggregation: Eine *Aggregation* fasst mehrere einfache Ereignisse zusammen, um aussagekräftige Daten zu erhalten. Hierbei kommen u.a. die Aggregationsfunktionen aus Abschn. 3.1 zur Anwendung. Insbesondere betrifft die Zusammenfassung oft zeitlich oder räumlich korrelierte Ereignisse.

Die folgende Regel erzeugt Ereignisse, die den Durchschnittswert einer Aktie in den letzten 200 Tagen berechnen.

```
1  CONDITION (StockEvent AS s)[win:time:200days]
2            ∧ s.symbol=ibm
3            ∧ s.avg(price) AS average
4  ACTION  create 200DayAvgEvent(symbol=s.symbol,value=average)
```

Die Regel betrachtet in einem Zeitfenster von 200 Tagen jedes ankommende `StockEvent` mit dem angegebenen Aktiennamen[3] und berechnet den Durchschnittswert des Attributs `price`. Schließlich erzeugt die Regel im *ACTION*-Teil eine Ereignisinstanz vom Typ `200DayAvgEvent` mit dem Aktiennamen des Ausgangsereignisses und dem kalkulierten Durchschnittswert.

Für die Spezifikation von Ereignisregeln werden häufig Informationen benötigt, die nicht unmittelbar in den Ereignissen enthalten sind, sondern in den angebundenen Anwendungssystemen zur Verfügung stehen. Durch die Anreicherung der Ereignisinstanzen mit Kontextwissen werden die Instanzen selbst mit den für ihre Weiterverarbeitung erforderlichen Informationen versorgt.

(d) Anreicherung mit Kontextwissen (content enrichment): Im *Content-Enrichment* werden Ereignisinstanzen mit *zusätzlichen Daten* aus den Anwendungssystemen angereichert.

Es existieren viele Beispielfälle, in denen die Ergänzung von Ereignisdaten durch Anwendungsdaten notwendig ist. Beispielsweise werden häufig eindeutige, aber

---

[3] Aus Gründen der Vereinfachung ist in der Regel der Aktienname als fester Wert angegeben. Natürlich sollte in einer realen Anwendung der Name der Aktie als Parameter übergeben werden.

fachlich wenig aussagekräftige Identifikationsnummern (IDs) – wie Personal- oder
Artikelnummern – durch detailliertere Personal- oder Produktdaten ergänzt. An-
schließend können Ereignismuster auch auf diese Attribute unmittelbar zugreifen.
Die folgende Regel zeigt beispielhaft, wie ein technisches Messereignis eines
Sensors vom Typ MeasuringEvent um Anwendungswissen ergänzt werden
kann.

```
1  CONDITION (MeasuringEvent AS m)
2  ACTION  create  AirPollutionEvent(senorID=m.sensorID ,  value=m.value ,
3                   geopos=GeoService.getPos(m.sensorID))
```

Für Messereignisse von Sensoren ist es in der Regel wichtig festzustellen, an
welchem geographischen Standort der Messwert ermittelt wurde. Die von der
Anwendungsklasse GeoService bereitgestellte Methode getPos() liefert zu
einer Sensor-ID dessen Standortkoordinaten zurück.

In den obigen Verarbeitungsschritten werden die Ereignisse nur sehr moderat
geändert. Eine Schlüsseleigenschaft für die Mächtigkeit von Complex Event Processing liegt aber darin, aus der Masse der aufgetretenen Ereignisse gänzlich neue
Rückschlüsse und Erkenntnisse zu folgern, und zwar durch die Ableitung von
komplexen Ereignissen [12].

(e) Synthese komplexer Ereignisse (synthesis of complex events): Neue
komplexe Ereignisse entstehen als *Abstraktion* der in einem Ereignismuster in Beziehung gesetzten einfachen Ereignisse. Muster zur Erzeugung
komplexer Ereignisse stellen kausale, temporale, räumliche und sonstige
semantische Beziehungen zwischen Ereignissen her, aus denen sich eine
fachliche Bedeutung ableiten lässt.

Beispielsweise wird zur Erkennung eines Phishing-Versuchs[4] beim Online-Ban-
king nach auffälligen Verhaltensmustern gesucht. Ein solches ungewöhnliches
Verhaltensmuster liegt zum Beispiel vor, wenn unmittelbar nach der Passwortän-
derung eines Online-Bankkontos ein hoher Geldbetrag von genau diesem Konto
abgehoben wird. Die folgende Regel beschreibt ein solches Verhaltensmuster.

---

[4] Phishing (= password fishing) bezeichnet das unrechtmäßige Ausspähen von Zugangsdaten
für Internetanwendungen.

```
1   CONDITION  ( PasswordChangeEvent AS p  →  WithdrawEvent AS w )
2                                                      [ win : time : 15 min ]
3              ∧ p . account=w . account
4              ∧ w . amount > 10.000  Euro
5   ACTION     create  PhishingEvent ( account=p . account )
```

Das Ereignismuster sucht Situationen innerhalb des Ereignisstroms, in denen für dasselbe Konto ein `WithdrawEvent` auf ein `PasswordChangeEvent` innerhalb eines Zeitfensters von 15 Minuten folgt.

An diesem Beispiel lässt sich sehr deutlich der *Erkenntnisgewinn* durch komplexe Ereignisse erkennen: Es werden nicht nur arithmetische Berechnungen durchgeführt, sondern eine auf Erfahrungen basierende *Schlussfolgerung* abgeleitet. Wenn nach einer erfolgreichen (aber unrechtmäßigen) Änderung des Passworts anschließend sofort ein großer Geldbetrag abgehoben wird, leitet die Regel die Schlussfolgerung ab, dass es sich bei diesem Vorgang um einen Betrugsfall handeln könnte. Das neue komplexe Ereignis vom Typ `PhishingEvent` beschreibt die Situation auf einer höheren Abstraktionsebene als die beiden einfachen Ereignisse.

2. Anstoßen von Diensten

Für die eigentliche Ereignisbehandlung sind in der Regel die nachgelagerten Unternehmensanwendungen verantwortlich, in denen die operativen Geschäftsprozesse realisiert sind (siehe Abb. 2.2). Neben der Erzeugung neuer Ereignisse kann deshalb im Aktionsteil einer Regel auch ein *Dienst* eines Anwendungssystems *ausgelöst* werden.[5] Insbesondere sollen am Ende der Ereignisverarbeitungskette die mittels CEP gewonnenen Erkenntnisse unmittelbar in die operativen Unternehmensanwendungen einfließen.

Technisch gibt es unterschiedliche Möglichkeiten für das Anstoßen eines Dienstes aus einer Ereignisregel heraus:

● Durch das Senden einer *Nachricht* (message) über eine nachrichtenorientierte Middleware (MOM). Nachgelagerte Anwendungssysteme können dann auf

---

[5] Der Begriff *Dienst* ist in diesem Kontext als Oberbegriff für jedwede Art von Geschäftsabläufen bzw. -funktionalität zu verstehen, also Methoden, Funktionen, Abläufe in Workflow-Managementsystemen, Visualisierung in Monitoring-Systemen, Dienste im Sinne von SOA usw.

die Nachricht zugreifen und diese verarbeiten. Im Java-Umfeld kommt hierfür typischerweise JMS (Java Message Service) zum Einsatz. Der zugehörige Source-Code im Aktionsteil einer Regel sieht etwa wie folgt aus: `QSender.‑send(event)`, wobei `QSender` eine Klasse ist, die die Verbindung zu einer *JMS-Queue* herstellt und *JMS-Nachrichten* per `send()` verschicken kann.

- Der technisch einfachste Fall ist ein *direkter Dienstaufruf* in der Form `call MyEventHandler.react(..)` im Aktionsteil der Regel. Diese Anweisung ruft für die Klasse `MyEventHandler` die Methode `react()` auf und übergibt den Ereigniskontext als Parameter.
- Statt eines direkten Dienstaufrufs lässt sich auch ein *indirekter Benachrichtigungsdienst* verwenden. Dabei wird beim Ereignismuster ein Listener registriert, der eine festgelegte Methode (beispielsweise `action()`) implementiert. Jedes Mal wenn die Regel feuert, ruft die Event Processing Engine automatisch diese Methode auf. Einen solchen indirekten Mechanismus verwendet zum Beispiel das CEP-Werkzeug Esper (siehe Abschn. 3.3).

3.3　Ereignisregeln mit Esper

Am Beispiel der Open-Source-CEP-Engine *Esper* zeigt dieser Abschnitt, wie eine CEP-Anwendung mit einer konkreten Realisierungsplattform implementiert werden kann.[6] Die Esper-Plattform stellt eine leistungsfähige und weit verbreitete Event Processing Engine mit einer spezifischen Regelsprache zur Ereignisverarbeitung bereit. Als *Event Processing Language* bietet Esper eine SQL-ähnliche Abfragesprache für Ereignisströme an, die *Esper Query Language* (EQL). Damit gehört Esper zur Klasse der *Continuous Query Languages*(CQL) [2].

Die Ereignisregeln von Esper weisen eine Grundstruktur wie im folgenden Beispiel auf:

```
1  select * from StockEvent where symbol='ibm' and price >100
```

Dieses Muster selektiert alle `StockEvent`-Ereignisse, die sich auf IBM-Aktien beziehen und einen Wert größer als 100 aufweisen. Deutlich erkennbar ist die Ähnlichkeit zu einer SQL-Datenbankabfrage mit den folgenden Elementen:

---

[6] Dieser Abschnitt beschränkt sich auf die Vorstellung weniger, grundlegender Sprachelemente von Esper. Für ausführlichere Informationen sei auf http://esper.codehaus.org/ verwiesen.

- *From-Klausel*
  Die *From-Klausel* legt fest, welche Ereignis*typen* betrachtet werden. Im Beispiel sind dies Ereignisse vom Typ StockEvent. Die Menge der betrachteten Ereignisse kann durch Sliding Windows weiter eingeschränkt werden.

- *Select-Klausel*
  Die *Select-Klausel* definiert, welche Ereignis*attribute* selektiert werden; ‚*'
  bedeutet, dass alle Attribute des Ereignistyps betrachtet werden.

- *Where-Klausel*
  In der *Where-Klausel* können die Ereignistypen noch weiter eingeschränkt werden. Im Beispiel müssen die Attribute symbol und price entsprechende Werte besitzen.

Den *Aktionsteil* einer Regel realisiert Esper durch ein *Subscriber*-Objekt, das bei dem Muster registriert wird. Jedes Mal wenn die Regel feuert, wird in dem Subscriber-Objekt die dort implementierte Methode update() aufgerufen. Der folgende Java-Code zeigt die Implementierung der Subscriber-Klasse.

```
1  public class MyPatternSubscriber{
2      public void update(StockEvent evt){
3          System.out.println(evt.getSymbol() + " " + evt.getPrice());
4      }
5  }
```

Jedes StockEvent-Ereignis, das das Muster erfüllt, wird dann als aktueller Parameter an die update()-Methode übergeben und kann wie ein ganz normales Java-Objekt verwendet werden.

Ereignismuster in Esper

Auch in EQL ist es möglich, komplexe *ereignistypbasierte* Muster zu beschreiben, und zwar mithilfe des Sprachkonstrukts pattern[ ]. Das folgende Beispiel veranschaulicht die Syntax.

```
1  select  s.symbol, n.description, s.time-n.time
2  from    pattern[n=NewsEvent -> s=StockEvent(symbol = n.symbol)]
3  where   s.symbol='ibm'
```

Ereignistypen und Aliasnamen Die From-Klausel bezieht sich in dem Beispiel auf das im pattern-Teil spezifizierte ereignistypbasierte Muster. Das Muster benötigt zwei Instanzen der beiden Ereignistypen NewsEvent und StockEvent, für die *Aliasnamen* n und s eingeführt werden.

Sequenzoperator Im Pattern legt der *Sequenzoperator* -> die zeitliche Reihenfolge der Ereignisse fest: n muss vor dem Ereignis s stattfinden. Schließlich muss noch eine Bedingung für das Ereignis s gelten: Der Wert des Attributs symbol muss mit dem Wert von symbol im Ereignis n übereinstimmen.

Kontextbedingungen Der Kontext der auslösenden Ereignisse lässt sich an zwei Stellen im Ereignismuster festlegen:

1. Innerhalb des Patterns kann eine Bedingung für einen Ereignistyp spezifiziert werden (hier: StockEvent(symbol = n.symbol)).
2. Weitere Kontexte lassen sich in der Where-Klausel festlegen. Im Beispiel sollen nur StockEvent-Ereignisse betrachtet werden, die einen bestimmten Attributwert enthalten (s.symbol='ibm').

Boolesche Operatoren Darüber hinaus stehen auch die anderen in Abschn. 3.1 eingeführten Sprachkonzepte zur Verfügung. Mit booleschen Operatoren lassen sich Ereignistypen verknüpfen.

- *ODER- und UND-Operator*
  Das folgenden Muster zeigt ein Beispiel für eine *ODER*-Verknüpfung. Sobald im Ereignisstrom ein NewsEvent- *oder* ein StockEvent-Ereignis auftritt, feuert das Pattern.

```
1  select  s,n
2  from     pattern [n=NewsEvent or s=StockEvent]
```

Alternativ kann natürlich auch ein *logisches UND* verwendet werden. Das folgende Pattern erlaubt, dass in beliebiger Reihenfolge ein NewsEvent- und ein StockEvent-Ereignis der IBM-Aktie auftreten. Sobald im Ereignisstrom zwei solche Ereignisse eingetroffen sind, feuert das Pattern.

```
1  select  s,n
2  from     pattern [n=NewsEvent and s=StockEvent(symbol='ibm')]
```

- *Negationsoperator*
  Der *NOT*-Operator drückt aus, dass ein bestimmtes Ereignis *nicht* stattgefunden hat. Das folgende Pattern beschreibt zwei nacheinander stattfindende StockEvent-Ereignisse s1 und s2, die sich auf dasselbe Wertpapier beziehen und eine Preissteigerung von 20 % aufweisen. Gleichzeitig wird verlangt, dass es keine Nachricht zwischen dem Auftreten von s1 und s2 gibt.

```
1  select s1,s2
2  from pattern[s1=StockEvent ->
3          ( s2=StockEvent(symbol=s1.symbol,price>1.2*s1.price)
4          and not NewsEvent(symbol=s1.symbol) )]
```

Sliding Windows und Aggregationen Esper stellt umfangreiche Sprachkonstrukte zur Definition von *Sliding Windows* und eine Reihe von *Aggregationsfunktionen* zur Verfügung. Das folgende Ereignismuster definiert ein *Längenfenster* der Größe 3 und summiert das price-Attribut der StockEvent-Ereignisse auf.

```
1  select sum(price)
2  from    StockEvent.win:length(3)
```

Das nächste Muster betrachtet das *Zeitfenster* StockEvent.win:time(200 days), also alle StockEvent-Ereignisse der letzten 200 Tage mit dem Wert symbol='ibm'. In diesem Zeitraum werden die IBM-Aktien selektiert und deren Durchschnittspreis berechnet.

```
1  select avg(price)
2  from    StockEvent(symbol='ibm').win:time(200 days)
```

Aktionen in Esper

Analog zu den Ausführungen in Abschn. 3.2 können auch in Esper beim Eintreten eines Musters zwei Arten von Aktionen ausgelöst werden:

1. *Erzeugen neuer Ereignisse*
   Das Erzeugen neuer Ereignisse erfolgt mithilfe der *Insert-Klausel*.

```
1  insert into MovingAverageEvent(symbol, average)
2      select symbol, avg(price)
3      from StockEvent.std:groupby(symbol).win:time(200 days)
4      group by symbol
```

Die Insert-Klausel erzeugt jedes Mal, wenn das zugehörige Ereignismuster aus den Zeilen 2-4 feuert, ein neues Ereignis vom Typ `MovingAverageEvent` mit den beiden Attributen `symbol` und `average`. Die Group-by-Klausel sorgt dafür, dass der Durchschnitt gemäß der Gruppierung für jedes Symbol getrennt berechnet wird.

2. *Anstoßen von Diensten*

   Das Auslösen eines beliebigen Dienstes wird in der `update()`-Methode der Subscriber-Klasse realisiert, beispielsweise über den synchronen Aufruf einer Java-Methode oder durch das asynchrone Senden einer JMS-Nachricht.

Fallstudie: Überwachung eines industriellen M2M-Systems

4

Am Beispiel der Überwachung von Solarstromanlagen leitet dieses Kapitel Schritt für Schritt die Architektur und den Entwurf eines CEP-basierten Systems her. Für jeden Verarbeitungsschritt wird exemplarisch eine Ereignisregel angegeben.

4.1 M2M-Kommunikation am Beispiel Solarstromanlagen

Machine-to-Machine-Kommunikation (M2M) bezeichnet den automatisierten Informationsaustausch von miteinander vernetzten Maschinen, wie beispielsweise Fahrzeugen, Verkaufsautomaten, Kopierern, Produktionsmaschinen, Gebäudekomponenten oder Solarstromanlagen [6]. M2M-Systeme sind in der Lage, Maschinen ohne manuelle Eingriffe zu überwachen, zu steuern und Daten auszutauschen.

Als Fallbeispiel wird in diesem Kapitel ein ereignisgesteuertes M2M-System für die Überwachung und Steuerung von Solarstromanlagen vorgestellt. Solarstromanlagen sind in der Regel räumlich auf verschiedene Standorte, vor allem Gebäudedächer oder Freiflächen, verteilt und laufen nach der Inbetriebnahme vollständig autonom, also ohne Wartungspersonal vor Ort. Wartungsarbeiten sind in festen Zeitintervallen geplant, sodass die Gefahr besteht, dass Funktionsstörungen über einen längeren Zeitraum unbemerkt bleiben. Liefert eine Solaranlage weniger Energie als im Normalbetrieb, so kann dies unterschiedlichste Gründe haben: geringere Sonneneinstrahlung, technische Probleme der Solaranlage oder lediglich Probleme bei der Übertragung der Messdaten.

Eine Solarstromanlage besteht aus einer Reihe von Solarmodulen, die Sonnenlicht in elektrische Energie umwandeln (siehe auch Abb. 1.1). Die gewonnene elektrische Energie wird in der Regel in das öffentliche Stromnetz eingespeist oder direkt beim Erzeuger verbraucht. Da das deutsche Stromnetz mit Wechselstrom betrieben wird, die Solarmodule aber Energie in Form von Gleichstrom erzeugen, muss eine Umwandlung durch einen sogenannten Wechselrichter erfolgen.

© Springer Fachmedien Wiesbaden 2015
R. Bruns, J. Dunkel, *Complex Event Processing,* essentials,
DOI 10.1007/978-3-658-09899-5_4

Die Wechselrichter verfügen über Schnittstellen, an denen die Betriebsdaten ausgelesen werden können, zum Beispiel aktuell eingespeiste Leistung, Netzspannung, eingespeiste Energiemenge pro Tag, Zustandsmeldungen etc.[1]

4.2 Entwurf eines CEP-basierten M2M-Systems

Mit Hilfe von Complex Event Processing lassen sich Solaranlagen permanent überwachen, deren aktuelle Leistungsdaten analysieren und Störungen in nahezu Echtzeit diagnostizieren (siehe auch [10, 19]). Hierzu müssen die Solarmodule bzw. deren Wechselrichter vernetzt sein, beispielsweise mittels einer GPRS-Datenübertragung.

Ereignisse bei Solarstromanlagen

Jeder Lesevorgang der Betriebsdaten eines Solarmoduls stellt ein Messereignis dar. Hierzu muss der gelesene Datensatz interpretiert und in ein CEP-kompatibles Ereignisformat umgewandelt werden. Die Abb. 4.1 skizziert die Ableitung einer Ereignisinstanz vom Typ `RawMeasuring` aus einem Datensatz mit Betriebsdaten einer Solarstromanlage.

Der Ereignistyp `RawMeasuring` repräsentiert die Lesevorgänge und enthält neben den Metadaten `machineID` und `timestamp` unter anderem auch die Messdaten des Solarmoduls (`power` = eingespeiste Leistung, `voltage` = anliegende Netzspannung).[2]

CEP für die Überwachung von Solarstromanlagen

Ein ereignisgesteuertes M2M-System zur Überwachung von Solarstromanlagen besteht aus einer schichtenbasierten, mehrstufigen *Softwarearchitektur*. Die Abb. 4.2 zeigt die in Kap. 2 eingeführten EDA-Schichten:

1. Die *Ereignisquellen* sind die Solarmodule mit ihren Wechselrichtern. Aber auch weitere Ereignisquellen, z. B. Wetterdaten, lassen sich einfach in die Verarbeitung integrieren und sind deshalb in der Architektur allgemein als Knowledge Sources bezeichnet.

---

[1] Aus Gründen der Vereinfachung unterscheiden wir im Folgenden nicht explizit zwischen Solarmodulen und Wechselrichtern.

[2] Sowie eine ganze Reihe weiterer Daten, die aber für das Fallbeispiel nicht von Bedeutung sind.

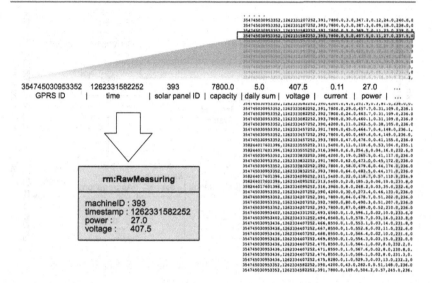

Abb. 4.1 Umwandlung von Messwerten (aus Abb. 1.1) in Messereignisse

2. Die *Ereignisverarbeitung* ist in mehrere logische Schritte gegliedert, wobei jeder Schritt einem Event Processing Agent mit eigener Regelbasis entspricht (analog zu Abschn. 2.3). Abbildung 4.2 veranschaulicht den Fluss der Ereignisse im Netzwerk: von feingranularen technischen Messereignissen mit den Betriebsdaten zu aussagekräftigen Geschäftsereignissen.

3. Die *Ereignisbehandlung* findet in einer nachgelagerten Unternehmensanwendung statt. Hierbei kann es sich um eine reine Überwachungs- und Controlling-Anwendung handeln, in der die wichtigsten Kennzahlen und Indikatoren aufbereitet und visualisiert in einem Dashboard dargestellt werden. Darüber hinaus sind Steuerungsfunktionen möglich, bei denen Ereignisse direkt Geschäftsprozesse auslösen, beispielsweise das Abschalten von defekten Anlagen oder die Beauftragung von Wartungspersonal.

Für die systematische Entwicklung von operativen CEP-Systemen existieren erste Vorschläge für Architektur- und Entwurfsmuster [9, 20] sowie für Referenzarchitekturen [9, 11], die den Entwurfsprozess vereinfachen.

Filtering Agent

Typischerweise ist nicht jedes Ereignis für ein Anwendungsproblem von Interesse. So können zum Beispiel technische Probleme oder unpräzise Messungen dazu

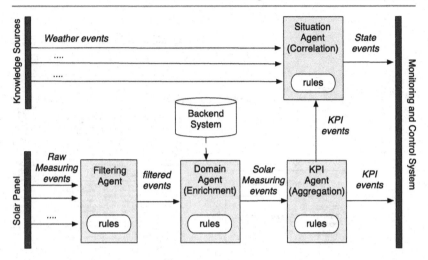

Abb. 4.2 Event Processing Network für die Überwachung von Solarstromanlagen

führen, dass bestimmte Ereignisse redundant auftreten oder nicht korrekte Datenwerte enthalten. Deshalb sollten in einem Bereinigungs- und Filterungsschritt inkonsistente oder nicht relevante Ereignisse möglichst frühzeitig identifiziert und eliminiert werden [11, 13]. Der Filtering Agent filtert die im Kontext der Solaranwendung unbedeutenden Ereignisse heraus und leitet lediglich die relevanten und korrekten Ereignisse an den nachfolgenden Verarbeitungsschritt weiter.

Beispielsweise befindet sich eine Solarstromanlage entweder im Ruhemodus oder sie produziert Strom, d.h. nur Messwerte mit einer produzierten Strommenge größer gleich null sind fachlich sinnvoll. Folgende Regel filtert inkonsistente Messwerte heraus.[3]

```
1  CONDITION   RawMeasuring AS m1
2              ∧ m1.power < 0
3  ACTION      delete RawMeasuring
```

---

[3] Vgl. die Diskussion in Abschn. 3.2 zur Problematik des Löschens von Ereignissen.

Domain Agent

Die Messereignisse der Solaranlage enthalten lediglich technische Daten, unter anderem die interne ID des Solarmoduls (machineID). In einem Content-Enrichment-Schritt reichert der Domain Agent die Ereignisse mit allen für die weitere Verarbeitung erforderlichen Informationen an. Technisch gesehen werden feingranulare Ereignisdaten auf fachliche Konzepte abgebildet, so dass neue Attribute hinzukommen oder Attributwerte sich ändern. Zum Beispiel kann die ID des Solarmoduls auf den Betreiber der Anlage und deren geographische Position abgebildet werden. Die notwendigen Informationen stammen aus einer Unternehmensdatenbank.

Für das Solarbeispiel ist es für die korrekte Interpretation der Ereignisse wichtig, die geographischen Standortkoordination (Attribut geopos) der Anlage zu kennen.

```
1  CONDITION  RawMeasuring AS m1
2             ∧ GeoService.getPos(m1.machineID) AS geopos
3  ACTION     create SolarMeasuring(machineID=m1.machineID,
4             power=m1.power, voltage=m1.voltage, geopos=geopos)
```

Die Positionsbestimmung erfolgt durch die von der Anwendungsklasse GeoService bereitgestellte Methode getPos().

KPI Agent

Der KPI Agent erhält die angereicherten Messereignisse als Eingabe und aggregiert fachspezifische Kennzahlen und Indikatoren (Key Performance Indicators), zum Beispiel durch die Berechnung von Durchschnittswerten über zeitlich oder räumlich in Beziehung stehende Ereignisse. Die resultierenden KPI-Ereignisse repräsentieren wichtige Informationen über das Leistungsverhalten der Solarstromanlage und eignen sich für die Visualisierung in einem Dashboard.

Die nachfolgende Regel sammelt für eine einzelne Machine m1 alle Messereignisse benachbarter Solarmodule im Umkreis von 5 km innerhalb der letzten 10 Minuten, berechnet den aktuellen Durchschnittswert der erzeugten Leistung mit Hilfe des avg-Operators und erzeugt ein neues Ereignis OutputPowerAVG.

```
1  CONDITION  (SolarMeasuring AS m1 → SolarMeasuring AS m2)
2                                           [win:time:10min]
3             ∧ m1.machineID != m2.machineID
4             ∧ GeoService.distanceTo(m1.geopos, m2.gepos) ≤ 5 km
5             ∧ m2.avg(power) AS average
6  ACTION     create OutputPowerAVG(machineID=m1.machineID,
7                          distance=5, avgpower=average)
```

Da der Durchschnittswert eine wichtige Kennzahl für die Leistung einer Solaranlage darstellt, gehört die Regel zur Regelbasis des KPI Agent.

Situation Agent

Der Situation Agent bestimmt durch Korrelation unterschiedlicher Ereignisse den aktuellen Zustand des Gesamtsystems. Normalerweise sollten geographisch benachbarte Solarmodule auch ähnliche Leistungswerte liefern. Falls nun aber die gemessenen Leistungswerte eines Solarmoduls deutlich von den Durchschnittswerten in der direkten Umgebung abweichen, deutet dies auf eine Fehlfunktion des Solarmoduls hin.

Die folgende Regel untersucht die Messereignisse auf Hinweise für eine Fehlfunktion. Die gemessene aktuelle Leistung eines Solarmoduls (Attribut `power`) wird mit der durchschnittlichen Leistung in dessen geographischer Nachbarschaft verglichen (`OutputPowerAVG`-Ereignis generiert durch KPI Agent). Liegt die Leistung eines Solarmoduls mehr als 50 % unter dem regionalen Durchschnitt, dann besteht der Verdacht auf eine Störung und ein entsprechendes `LowOutputPower`-Ereignis wird erzeugt.

```
1  CONDITION  (SolarMeasuring AS m → OutputPowerAVG AS oavg)
2                                           [win:time:10min]
3             ∧ m.machineID = oavg.machineID
4             ∧ m.power < 0.5 * oavg.avgpower
5  ACTION     create LowOutputPower(machineID = m.machineID)
```

Die obigen Ereignisregeln verdeutlichen exemplarisch die Möglichkeiten von CEP zur Verarbeitung von Solarstromdaten. In einer operativen Anwendung müssen die Regelbasen des KPI Agent und des Situation Agent natürlich noch zusätzliche fachspezifische Regeln enthalten. Weitere Informationen zur Fallstudie sowie Beispiele für fachliche Ereignisregeln stehen in [10] und [19] zur Verfügung.

4.3 Bewertung CEP für M2M

Viele M2M-Systeme unterstützen lediglich das Sammeln und die Präsentation der technischen Maschinendaten. Weil Einzeldaten aber in der Regel nicht besonders aussagekräftig sind, bleibt deren Interpretation fachlichen Experten überlassen. Eine solche manuelle Auswertung der Maschinendaten ist in der Praxis aber häufig unzureichend, weil der Betriebszustand eines Systems und Probleme schnellstmöglich erkannt werden müssen, um darauf angemessen reagieren zu können.

Durch den Einsatz von Complex Event Processing ergibt sich eine neue Qualität von M2M-Systemen. CEP ermöglicht intelligente Datenkorrelation, schnelle Reaktionszeit und hohe Flexibilität von M2M-Anwendungen. Der aktuelle Zustand des Gesamtsystems ist jederzeit sichtbar und durch die Einbeziehung von aktuellen Kontextinformationen ist eine *situationsgerechte* Interpretation der Daten gewährleistet (*situation-awareness*).

Stand der Entwicklung und Ausblick 5

Aussichtsreiche Anwendungsgebiete von CEP, verfügbare CEP-Plattformen und ein Ausblick beschreiben den aktuellen Stand der Entwicklung der Ereignisverarbeitung.

5.1 Anwendungsgebiete für CEP

Geschäftsprobleme, die eine oder mehrere der folgenden funktionalen und nichtfunktionalen Anforderungen aufweisen, kommen als aussichtsreiche Anwendungsbereiche für eine Verarbeitung mit Complex Event Processing in Frage (u. a. nach [17]):

1. *Komplexe Analyse von Daten*
   Unterstützung *komplexer Datenanalyse*prozesse, wie z. B. umfangreiche Aggregationen über homogene oder heterogene Daten, Korrelationen von aktuellen und historischen Daten, Erkennen von Ereignismustern, Daten auf verschiedenen Abstraktionsebenen, Aktionen aufgrund der Abwesenheit von Ereignissen.
2. *Große Datenvolumina*
   Verarbeitung einer extrem *hohen Anzahl* von Daten, die *kontinuierlich* in *hoher Eingangsrate* eintreffen (im Bereich von tausend bis zu hunderttausend Daten pro Sekunde und darüber hinaus).
3. *Geringe Latenzzeit*
   Reaktion in (nahezu) *Echtzeit* auf eingetretene Ereignisse bzw. Systemzustände (im Bereich von Millisekunden bis Sekunden).

Die potenziellen Anwendungsgebiete von CEP sind äußerst vielfältig. Beispielbereiche, in denen bereits CEP-basierte Ansätze existieren, sind u. a. Kontroll- und

© Springer Fachmedien Wiesbaden 2015
R. Bruns, J. Dunkel, *Complex Event Processing*, essentials,
DOI 10.1007/978-3-658-09899-5_5

Überwachungssysteme [1, 3, 10], Sensornetzwerke [4, 16], Intrusion Detection [4, 15], Logistikprozesse [14, 22], Telekommunikation [7].

5.2 CEP-Plattformen

Mittlerweile steht eine Vielzahl von kommerziellen CEP-Produkten für den praktischen Einsatz zur Verfügung. Neben Spezialanbietern haben auch viele der großen und etablierten Softwarehersteller eine dedizierte CEP-Plattform in ihr Angebot aufgenommen. Leistungsfähige Open-Source-CEP-Plattformen sind das bereits vorgestellte *Esper*[1], *Drools Fusion*[2] sowie neue *Distributed Stream Processing*-Werkzeuge wie *Apache Storm*[3] und *Samza*[4]. Mit *Asper* steht auch eine mobile Esper-Version für das Android-Betriebssystem zur Verfügung.[5] Einen guten Überblick über den Stand und die Entwicklung von kommerziellen und Open-Source-CEP-Werkzeugen bieten Vidačković et al. [24] und Vincent [25].

5.3 Ausblick

Die Interpretation und Reaktion auf Ereignisse (bzw. Datenströme) in Unternehmen sowie öffentlichen und privaten Institutionen ist heutzutage selbstverständliche, gelebte alltägliche Praxis und ein natürlicher Bestandteil deren Arbeitsweise. Allerdings obliegt die Analyse und Verarbeitung von Ereignissen in der Regel den beteiligten Personen – Complex Event Processing kann hierbei einen signifikanten *Effizienz-* und *Qualitätsgewinn* bewirken.

Die wichtigsten Konzepte der Ereignisverarbeitung sind inzwischen vorhanden und grundlegend verstanden, eine Fachterminologie hat sich etabliert und professionelle CEP-Werkzeuge stehen von renommierten Softwareherstellern für den produktiven Einsatz zur Verfügung.

Wie bei innovativen Technologien üblich, ist die CEP-Technologie allerdings noch nicht vollständig ausgereift. Das größte Hindernis für den wirtschaftlichen Einsatz von CEP ist das Fehlen von allgemein *akzeptierten Standards* für

---

[1] http://esper.codehaus.org/.

[2] http://www.drools.org/.

[3] https://storm.apache.org/.

[4] http://samza.incubator.apache.org/.

[5] https://github.com/mobile-event-processing/Asper.

die Modellierung von Ereignissen und Ereignisregeln. Außerdem mangelt es noch an konkretem *Erfahrungswissen* mit anspruchsvollen CEP-Anwendungen im industriellen Maßstab, die sich im produktiven Einsatz bewährt haben.

Complex Event Processing befindet sich noch im Stand einer technologischen Innovation, allerdings konzeptionell und technologisch soweit fortgeschritten, dass innovative Unternehmen die mit CEP verbundenen Chancen zur Lösung komplexer Anwendungsprobleme ergreifen können und sollten.

Was Sie aus diesem Essential mitnehmen können

Durch diese kompakte Einführung in Complex Event Processing

- kennen Sie die Grundprinzipien der Ereignisverarbeitung mit CEP,
- können Sie die Bedeutung von CEP für die Analyse von massiven Datenströmen einordnen,
- können Sie die möglichen Einsatzbereiche von CEP abgrenzen,
- wissen Sie, aus welchen wesentlichen Bausteinen eine CEP-Anwendung besteht,
- kennen Sie die wichtigsten Sprachkonzepte zur Ereignisverarbeitung,
- haben Sie die praktische Anwendung von CEP anhand einer Fallstudie aus dem M2M-Bereich kennengelernt.

© Springer Fachmedien Wiesbaden 2015
R. Bruns, J. Dunkel, *Complex Event Processing*, essentials,
DOI 10.1007/978-3-658-09899-5

Literatur

1. Arango, M.: Mobile QoS management using complex event processing: (Industry artic-le). Proceedings of the 7th ACM International Conference on Distributed Event-based Systems, DEBS '13, ACM, New York, 115–122 (2013). doi:10.1145/2488222.2488277
2. Arasu, A., Babu, S., Widom, J.: The CQL continuous query language: Semantic foundations and query execution. VLDB J. **15**(2), 121–142 (2006). doi:10.1007/s00778-004-0147-z
3. Balis, B., Kowalewski, B., Bubak, M.: Real-time Grid monitoring based on com-plex event processing. Futur. Gener. Comput. Syst. **27**(8), 1103–1112 (2011). doi:10.1016/j.future.2011.04.005
4. Bhargavi, R., Vaidehi, V., Bhuvaneswari, P., Chandra, G.: Complex event processing for object tracking in wireless sensor networks. Proceedings of the IEEE/WIC/ACM International Conference on Web Intelligence and Intelligent Agent Technology, 211–214 (2010)
5. BITKOM (Hrsg.): Big-Data-Technologien – Wissen für Entscheider (2014)
6. BMWi: Machine-to-Machine-Kommunikation – eine Chance für die deutsche Industrie. Tech. rep., Bundesministerium für Wirtschaft und Technologie, Nationaler IT Gipfel (2011)
7. Bouillet, E., Kothari, R., Kumar, V., Mignet, L., Nathan, S., Ranganathan, A., Tura-ga, D.S., Udrea, O., Verscheure, O.: Processing 6 billion CDRs/day: From research to production (Experience report). Proceedings of the 6th ACM International Conference on Distributed Event-Based Systems, DEBS '12, ACM, New York, 264–267 (2012). doi:10.1145/2335484.2335513
8. Bruns, R., Dunkel, J.: Event-Driven Architecture: Softwarearchitektur für ereignisge-steuerte Geschäftsprozesse. Springer, Heidelberg (2010)
9. Bruns, R., Dunkel, J.: Towards pattern-based architectures for event processing systems. Softw. Pract. Exp. **44**(11), 1395–1416 (2014). doi:10.1002/spe.2204
10. Bruns, R., Dunkel, J., Masbruch, H., Stipkovic, S.: Intelligent M2M: Complex event processing for machine-to-machine communication. Expert Syst. Appl. **42**(3), 1235–1246 (2015). doi:10.1016/j.eswa.2014.09.005
11. Chandy, K., Schulte, W.: Event processing: Designing IT systems for agile companies. McGraw-Hill (2010)
12. Eckert, M., Bry, F.: Complex event processing (CEP). Inform-Spektrum **32**(2), 163–167 (2009). doi:10.1007/s00287-009-0329-6

© Springer Fachmedien Wiesbaden 2015
R. Bruns, J. Dunkel, *Complex Event Processing*, essentials,
DOI 10.1007/978-3-658-09899-5

13. Etzion, O., Niblett, P.: Event processing in action. Manning (2010)
14. Feldman, Z., Fournier, F., Franklin, R., Metzger, A.: Proactive event processing in action: A case study on the proactive management of transport processes (Industry article). Proceedings of the 7th ACM International Conference on Distributed Event-based Systems, DEBS '13, ACM, New York, 97–106 (2013). doi:10.1145/2488222.2488274
15. Ficco, M., Romano, L.: A generic intrusion detection and diagnoser system based on complex event processing. First International Conference on Data Compression, Communications and Processing (CCP), IEEE, 275–284 (2011). doi:10.1109/CCP.2011.43
16. Jeffery, S., Alonso, G., Franklin, M., Widom, J., Hong, W.: A pipelined framework for online cleaning of sensor data streams. Proceedings of the International Conference on Data Engineering (ICDE), IEEE, 140–142 (2006)
17. Luckham, D.: The power of events: An introduction to complex event processing in distributed enterprise systems. Addison-Wesley, Reading (2002)
18. Luckham, D., Schulte, R.: Event processing glossary – version 2.0. http://www.complexevents.com/wp-content/uploads/2011/08/EPTS_Event_Processing_Glossary_v2.pdf (2011). Zugegriffen: 29 Jan. 2015
19. Metzdorf, M., Bruns, R., Dunkel, J., Masbruch, H., Hellwich, I., Kasten, S.: Complex Event Processing für intelligente mobile M2M-Kommunikation. In: ITG-Fachbericht der 18. ITG-Fachtagung Mobilkommunikation: Technologien und Anwendungen, S. 58–63. VDE Verlag (2013)
20. Paschke, A., Vincent, P., Alves, A., Moxey, C.: Tutorial on advanced design patterns in event processing. Proceedings of the 6th International Conference on Distributed Event-Based Systems (DEBS), ACM, 324–334 (2012)
21. Reussner, R.H., Hasselbring, W. (eds.): Handbuch der Software-Architektur, 2. Aufl. dpunkt.verlag, Heidelberg (2008)
22. Rüdiger, D., Roidl, M., ten Hompel, M.: Towards agile and flexible air cargo processes with localization based on RFID and complex event processing. Dynamics in logistics, S. 235–246. Springer, Berlin (2013)
23. Taylor, H., Yochem, A., Phillips, L., Martinez, F.: Event-Driven architecture: How SOA enables the real-time enterprise. Addison-Wesley, Boston (2009)
24. Vidackovic, K., Renner, T., Rex, S.: Marktübersicht Real-Time Monitoring Software: Event Processing Tools im Überblick. Fraunhofer IAO (2010)
25. Vincent, P.: CEP tooling market survey 2014. http://www.complexevents.com/2014/12/03/cep-tooling-market-survey-2014/ (2014). Zugegriffen: 20. Jan. 2015

Sachverzeichnis

© Springer Fachmedien Wiesbaden 2015
R. Bruns, J. Dunkel, *Complex Event Processing,* essentials,
DOI 10.1007/978-3-658-09899-5

Printed in the United States
By Bookmasters